Living in less than 50 m² MINI
APARTMENTS

monsa

MINI APARTMENTS. LIVING IN LESS THAN 50 m²
Copyright © 2015 Instituto Monsa de ediciones

Editor, concept, and project director
Josep María Minguet

Project's selection, design and layout
Patricia Martínez (equipo editorial Monsa)

INSTITUTO MONSA DE EDICIONES
Gravina 43 (08930)
Sant Adrià de Besòs
Barcelona (Spain)
Tlf. +34 93 381 00 50
www.monsa.com
monsa@monsa.com

Visit our official online store!
www.monsashop.com

Follow us on facebook!
facebook.com/monsashop

ISBN: 978-84-15829-99-7
D.L. B 19844-2015
Printed by Impuls 45

INTRODUCTION

Designing a small home requires optimizing the space we have at our disposition as well as the creation of the most comfortable possible distribution. In many cases the projects we present are only a refurbishing where the dividing walls have been removed to the highest possible degree and the space have been completely transformed to achieve a sensation of spaciousness and comfort. Occasionally, some of the house´s original older elements have been conserved, like the chimney, floor overlay, wooden elements... thus obtaining a more bohemian or vintage atmosphere, sometimes highlighted with furniture and recycled objects, something that also helps to reduce the project´s budget.

In this book we put together a selection of apartments and houses ranging from 150 ft² to 538 ft². We also show the current tendencies in apartment design and small size prefabricated homes both of which don´t lack any detail and the ideas they provide such as painting walls in light colour shades, knocking down walls, multifunctional furniture, etc... act as a source of inspiration.

Diseñar una vivienda pequeña exige optimizar el espacio del que disponemos, y también crear una distribución lo más confortable posible. En muchos casos los proyectos que presentamos son una reforma, donde se han eliminado al máximo las paredes divisorias y se ha transformado completamente el espacio, para ganar sensación de amplitud y comodidad. En ocasiones se han conservado elementos antiguos originales de la vivienda, como la chimenea, los revestimientos en suelos y paredes, carpinterías... logrando así un ambiente más bohemio o vintage, a veces resaltándolo aún más con mobiliario y objetos reciclados, lo cual también ayuda a reducir el presupuesto del proyecto.

En este libro reunimos una selección de apartamentos y casas desde los 14 a los 50 m². Mostramos también las tendencias actuales en diseño de apartamentos y viviendas prefabricadas de pequeño tamaño, en los que no falta nada, y que sirven de inspiración por las ideas que aportan, tales como pintar paredes en tonos claros, derribar tabiques, mobiliario multifuncional, etc.

INTERIOR DG

INT2architecture
www.int2architecture.ru
Moscow, Russia
Photo © INT2architecture

This project is INT2architecture's interpretation of a small bedroom suitable for a 14 year old. The main objective was to create a comfortable and elegant atmosphere in which the youngster could carry out her daily life. To achieve this, they freed up half the space by taking the items that would usually be stored there and locating them in the other half of the room.

14m²
150.69 ft²

Este proyecto es la interpretación que INT2architecture hace de una pequeña habitación para una joven de 14 años. El objetivo principal es que la vida cotidiana de la joven transcurra en un ambiente cómodo y elegante. Para ello, la propuesta libera la mitad del espacio de los diferentes objetos independientes que suelen poblar cualquier estancia, albergándolos en la otra mitad.

The multifunctional surface is a sliding panel which, depending on its position, opens a white board or a mirror. When positioned in the centre it opens the projector screen.

La superficie multifuncional es un panel deslizante que, en diferentes posiciones, abre una pizarra, un espejo o, en la posición central, la pantalla del proyector.

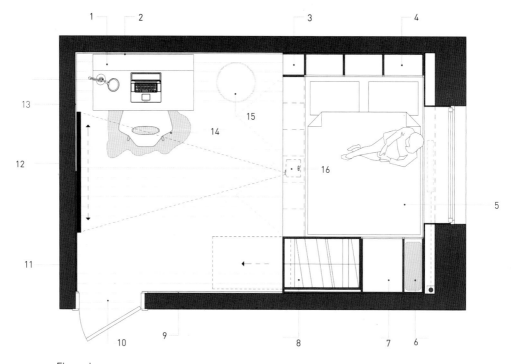

Floor plan
Planta

1. Desk
2. Pictures
3. Bookshelves
4. Shelves
5. Mattress
6. Shelf for back pillows of the sofa
7. Compartment for clothes
8. Wardrobe
9. Hooks
10. Door
11. Mirror
12. Sliding screen
13. Blackboard
14. Organic chair
15. Basket for pillows
16. Projector

1. Escritorio
2. Cuadros
3. Estantes para libros
4. Estantes
5. Colchón
6. Estante para cojines respaldo del sofá
7. Compartimento para ropa
8. Armario
9. Ganchos
10. Puerta
11. Espejo
12. Pantalla deslizante
13. Pizarra
14. Silla orgánica
15. Cesta para almohadas
16. Proyector

This multifunctional box houses a compact storage system, with wardrobe, drawers, shelves and even a sofa bed on which to sleep.

La caja multifuncional alberga un sistema compacto de almacenamiento: armario, cajonera y estanterías, además del sofá cama donde dormir.

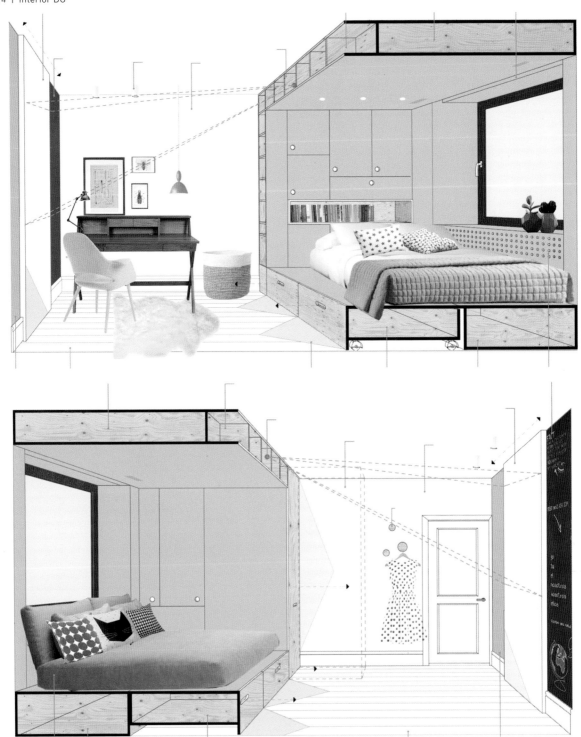

3D sections
Secciones 3D

ONE+

Add a Room
The Hague, The Netherlands;
Skaane Province, and Stockholm, Sweden
Photo © Add a Room, Matti Marttinen

Just as life itself changes, so too do our housing needs. The concept of a modular house in which the space can be adapted to what is needed is central to this design of clean and simple lines. The prefabricated 107, 161, 215 and 269 sq ft modules (with terrace and pergola) can be joined in a variety of ways as though it were a game of Lego. The house invites us to play.

15m²
161.45 ft²

La vida cambia, y nuestras necesidades de vivienda también. Una casa con módulos que permita ir adaptando el espacio a lo que precisamos es la idea central tras este proyecto de líneas sencillas y puras. Los módulos prefabricados de 10, 15, 20 y 25 m² (con terraza y pérgola) se pueden unir de múltiples formas, como si de un juego de Lego se tratara. La casa nos invita a jugar.

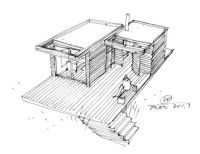

Sauna connected to 15 m² mini house
Sauna conectada a mini casa de 15 m²

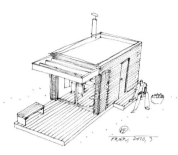

15 m² mini house with deck and pergola
Mini casa de 15 m² con plataforma y pérgola

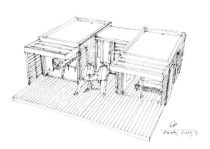

37 m². Two modules connected with
linking kitchen or bathroom module
37 m². Dos módulos conectados con
cocina o módulo de baño

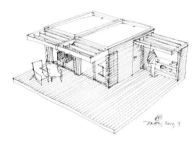

30 m² mini house including deck with
pergola and outdoor kitchen module
Mini casa de 30 m² incluyendo plataforma
con pérgola y módulo de cocina exterior

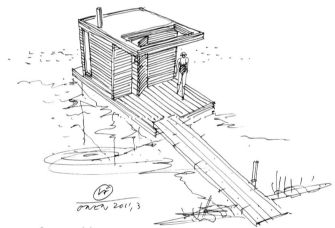

Sauna module
Módulo de sauna

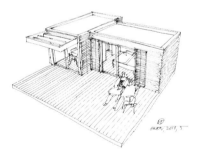

Two modules 30 m² mini house in T configuration
Mini casa de dos módulos de 30 m² configurada en T

Two 15 m² houses and outdoor kitchen under pergola
Dos casas de 15 m² y cocina exterior bajo pérgola

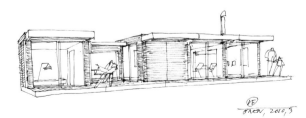

45 m² module assembly linked to 15 m² module through deck with pergola
Módulo de montaje de 45m² conectado a módulo de 15 m² a través de plataforma con pérgola

One of the modules that can be incorporated is the outdoor kitchen. This option combines inside with outside, freeing up space within the house.

Uno de los módulos que se puede incorporar es el de cocina al aire libre. Esta opción libera el espacio dentro de la casa fundiendo exterior e interior.

MINI HOUSE

Jonas Wagell & Architecture
Stockholm, Sweden
Photo © Jonas Wagell Design & Architecture

It all started with this little 161 sq ft prototype, which was developed as a weekend holiday haven. Living space, kitchen and bedroom are all incorporated within a single room, with a separate bathroom. The key feature was its flat-pack delivery, which cut costs and enabled rapid installation. Now these modules are linked together to create houses of up to 753 sq ft.

$15m^2$
$161.45\ ft^2$

Todo empezó con este pequeño prototipo de 15 m^2 que se ideó como refugio para fines de semana. En una sala única compartían espacio salón, cocina y dormitorio, con el baño aparte. Sus principales características son el transporte en plano, para abaratar costes, y la rápida instalación. Ahora, a partir de este módulo y uniéndolos entre sí, se hacen casas de hasta 70 m^2.

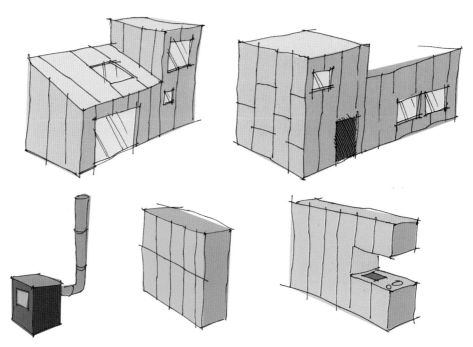

Perspective views of building exterior and interior components
Vistas en perspectiva de la construcción de componentes exteriores e interiores

The design incorporates several pieces of furniture, such as the kitchen, folding bed and stove. The floor-to-ceiling windows open up to the roof terrace.

El diseño incorpora varios muebles, como la cocina, la cama plegable y la estufa. Las ventanas del techo al suelo abren la vivienda a la terraza techada.

MINI STUDIO

Ajay Chopra / Echo: Design + Architecture
www.echoda.com
New York, NY, USA
Photo © Javier Oddo Photography

When setting out to design a small space, one of the key objectives is to make it appear larger than it actually Is. By installing custom-made floor to-ceiling cabinets and including storage spaces beneath the bed, this objective is easily met and so too are many of the design aspects of this project addressed.

20m²
215.28 ft²

Uno de los principales objetivos a la hora de abordar el diseño de espacios reducidos es conseguir que estos parezcan más amplios de lo que en realidad son. La instalación de armarios a medida, que ocupan toda la altura del apartamento, y de espacios de almacenamientos debajo de la cama permiten que el objetivo se cumpla, y con creces, en el diseño de este proyecto.

Each element of this apartment has a dual purpose, for example the door and cupboard panels can be reversed in order to double up as a table.

Cada elemento del apartamento tiene un doble propósito: los paneles de las puertas o el mobiliario, al darles la vuelta, pueden transformarse en mostradores.

Section of the kitchen
Sección de la cocina

The wall of white panels is revealed as a single kitchen only when necessary. The frosted glass sliding door provides both privacy and light.

La pared de paneles blancos se revela como una cocina solo cuando es necesario. La puerta de cristal esmerilado deslizante proporciona a la vez privacidad y luz.

Section of the kitchen
Sección de la cocina

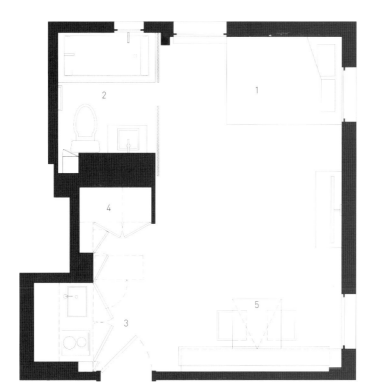

1. Bedroom
2. Bathroom
3. Kitchen
4. Storage room
5. Living room/Dining room

1. Dormitorio
2. Baño
3. Cocina
4. Trastero
5. Salón/Comedor

Floor plan
Planta

THE PURPLE ROSE OF CAIRO

Architecture Architecture
www.archarch.com.au
Melbourne, Australia
Photo © Tom Ross of Brilliant Creek

The Cairo Apartments are a symbol of Melbourne architecture, a collection of tiny dwellings that, even in 1936, were a firm reference to minimalism. Architecture Architecture took on the task of fitting out one of the apartments and making it more flexible. When dealing with such a small space, a firm hand is vital. The slightest hesitation can ruin the effect.

$24m^2$

$258.33 ft^2$

Los Apartamentos Cairo son un emblema de la arquitectura de Melbourne, unas minúsculas viviendas que, ya en 1936, eran todo un referente minimalista. Architecture Architecture emprendió la tarea de equipar y hacer más flexible uno de los apartamentos. Al intervenir en un espacio tan pequeño, el pulso firme es vital: cualquier vacilación puede romper las sensaciones logradas.

All the apartments have access to a communal garden. By opening up a service window one is able to enjoy it from the kitchen.

Todos los apartamentos tienen acceso a un jardín comunitario. La obertura de una ventana de servicio le permite a la cocina disfrutar de él.

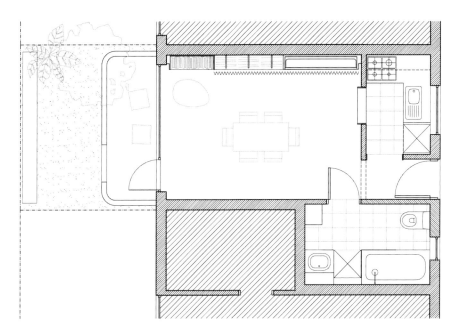

Floor plan dining mode
Planta modo de comedor

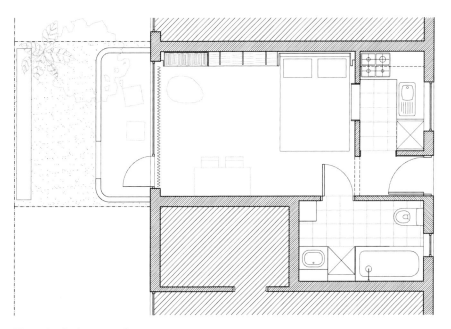

Floor plan bedroom mode
Planta modo de dormitorio

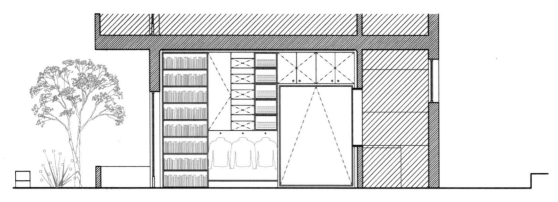

Section
Sección

A simple curtain and folding bed provide all the necessary combinations: a bedroom, a dining room, a study, a meeting place...

Una simple cortina y una cama plegable ofrecen todas las combinaciones necesarias: un dormitorio, un comedor, un estudio, un lugar de reunión...

FLAT 75018-1

Labro and Davis
www.labrodavis.com
Paris, France
Photo © Labro & Davis

This renovated Parisian studio is reminiscent of a Russian doll, with one functional space nestled within another in order to accommodate an entire house within a miniscule space. But it is not just the efficient organisation of the space that provides life to this home. Air flows through the building from end to end, as does the light. The two are indispensable in this design.

30m²
322.9 ft²

Esta remodelación de un estudio parisino tiene alma de muñeca rusa: anida cada espacio funcional dentro de otro espacio funcional para dar cabida a un apartamento completo en una superficie minúscula. Pero no solo de la organización eficiente del espacio vive el hombre. El aire atraviesa la casa de parte a parte, y lo mismo hace la luz. Son requerimiento indispensable.

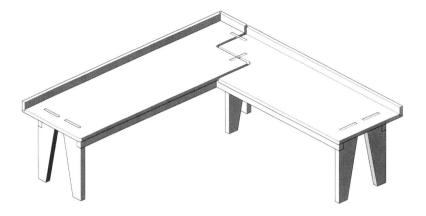

When one cannot look too far without the eye meeting a wall, the eye simply shuns the horizon beyond the window. Tiny houses depend on this.

Cuando uno no puede mirar demasiado lejos antes de darse de bruces con una pared, los ojos le huyen al horizonte tras la ventana. Las casas minúsculas dependen de él.

1. Kitchen
2. Bedroom
3. Bathroom

1. Cocina
2. Dormitorio
3. Baño

Floor plan
Planta

LA MANSARDA DI STELLA

Spazio 14 10 team: Stella Passerini, Giulia Peruzzi
www.spazio1410.com
Rome, Italy
Photo © Spazio 14 10: Stella Passerini

This uncompromising commitment to chic uses recycled materials in order to achieve its aims. "We want to bring interior design to the people" say architects Spazio 14 10. Indeed, Stella represents the people, and her loft seems to demonstrate that design is within the reach of many. It all began with just 355 sq ft and a limited budget. The result is extraordinary.

$33m^2$
$355.2\ ft^2$

Esta apuesta a ultranza por la estética chic se sirve de los materiales reciclados para alcanzar su cima. "Queremos acercar el diseño de interiores a la gente", dicen desde Spazio 14 10. Stella es gente, por supuesto, y su ático parece demostrar que una decoración así está al alcance de muchos. Se partió de un presupuesto limitado y 33 metros cuadrados: el resultado apabulla.

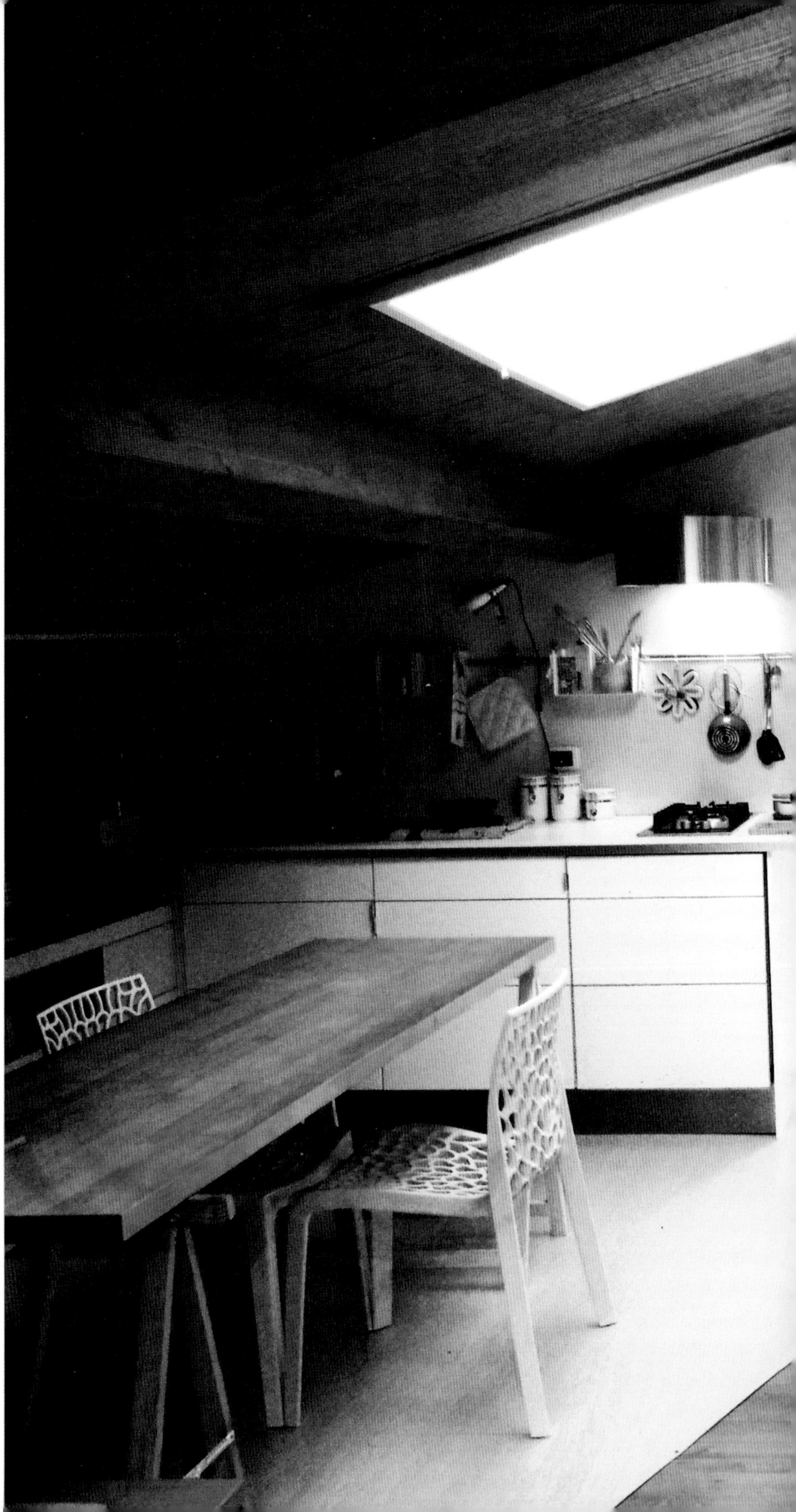

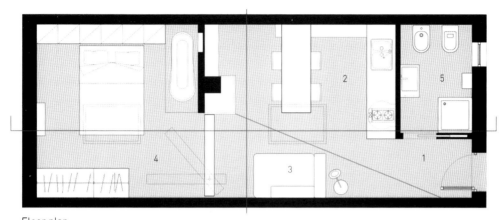

Floor plan
Planta

1. Entrance
2. Kitchen/ Dinning room
3. Living room
4. Bedroom
5. Bathroom

1. Entrada
2. Cocina/ Comedor
3. Salón
4. Dormitorio
5. Baño

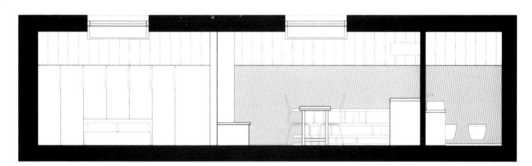

Longitudinal section
Sección longitudinal

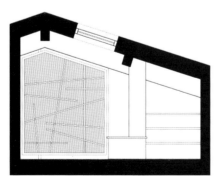

Cross section
Sección transversal

This renovated antique bathroom wasn't in the budget so they slotted it into the bedroom. With the bed is next to it, it is the epitome of chic.

Esta antigua bañera remodelada no solo encajó dentro del presupuesto, sino que hicieron encajarla dentro de la habitación. La cama está al lado. Epítome de lo chic.

SHERBROOKE HOUSE

Russian for Fish
www.russianforfish.com
London, United Kingdom
Photo © Peter Landers

Originally this space was a duplex with a very cramped feel to the ground floor layout and a gloomy and restrictive kitchen space. Russian for Fish's renovation project involved opening up the floor into a large kitchen-diner, flooded with natural light and benefitting from the beautiful south-facing garden.

35m²
376.7 ft²

El espacio original era un dúplex, con una planta baja donde la distribución de las estancias producía una acusada sensación de agobio y una cocina que era un espacio oscuro y restrictivo. La renovación de Russian for Fish abre la planta en una gran área de cocina-comedor, donde la luz inunda todo el espacio y se aprovechan las bellas vistas al jardín, orientado al sur.

The kitchen furniture is designed to provide maximum storage space and create a feeling of subtle separation from the entrance hall.

Los muebles de cocina está diseñados con el fin de permitir el máximo almacenamiento y proporcionar una sutil separación respecto al vestíbulo de la entrada.

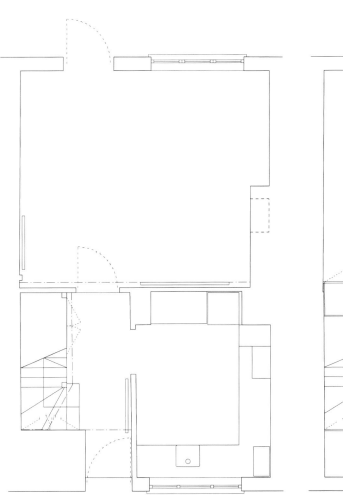

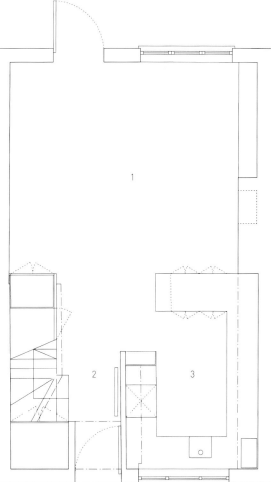

Original ground floor plan
Planta baja original

Project ground floor plan
Proyecto planta baja

1.	Reception	1.	Entrada
2.	Hall	2.	Sala
3.	Kitchen	3.	Cocina

HB6B - ONE HOME

Karin Matz
www.karinmatz.se
Stockholm, Sweden
Photo © Karin Matz

All the planning in the world could not have achieved the rickety, atypical style that permeates this ultramodern apartment renovation. The secret is that only a part of it has been remodelled. It remains what it was, a flat that was used to store furniture for 30 years, whith bare walls and a bathroom that needed a complete remodel.

Ni toda la premeditación del mundo hubiera logrado el aspecto desvencijado y desusado que luce esta modernísima remodelación de un apartamento. El secreto: una parte apenas ha sido remodelada. Sigue siendo lo que era, un piso usado para guardar muebles durante 30 años, con las paredes desempapeladas y un baño que se tuvo que reformar completamente.

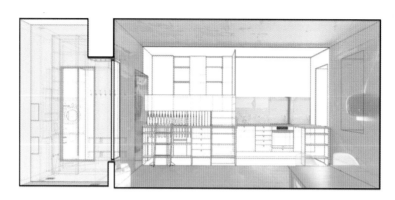

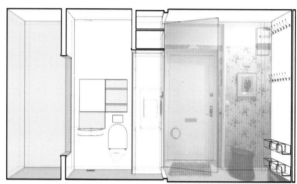

Perspectives
Perspectivas

The obsession with clinging onto the past contrasts with the Ikea furniture and the plethora of gadgets. Perhaps we knew already back then that chic does not rely on wallpaper.

La obsesión por detener el tiempo choca con el mobiliario Ikea y el afán por el equipamiento. Acaso ya lo imaginábamos: lo chic no depende del papel de las paredes.

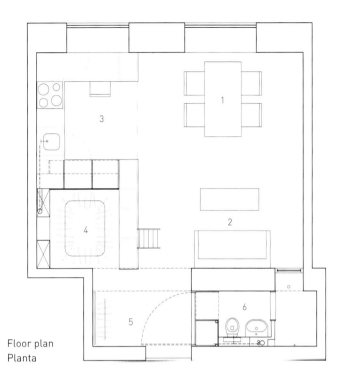

1. Dinning room
2. Living room
3. Kitchen
4. Dressing room
5. Entrance
6. Bathroom
7. Bedroom

1. Comedor
2. Salón
3. Cocina
4. Vestidor
5. Entrada
6. Baño
7. Dormitorio

Floor plan
Planta

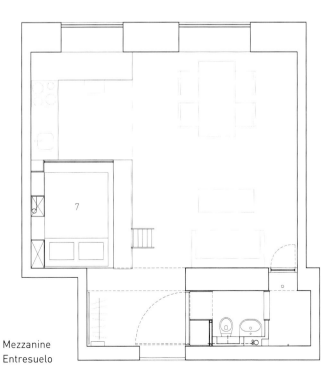

Mezzanine
Entresuelo

In this renovation functionality is piled up in an explosive hodgepodge, with the bed on top of the kitchen shelves, on top of the wardrobe.

La mitad reformada apila la funcionalidad de la casa en un explosivo batiburrillo: por ejemplo, la cama encima de los estantes de la cocina, encima del armario de la ropa.

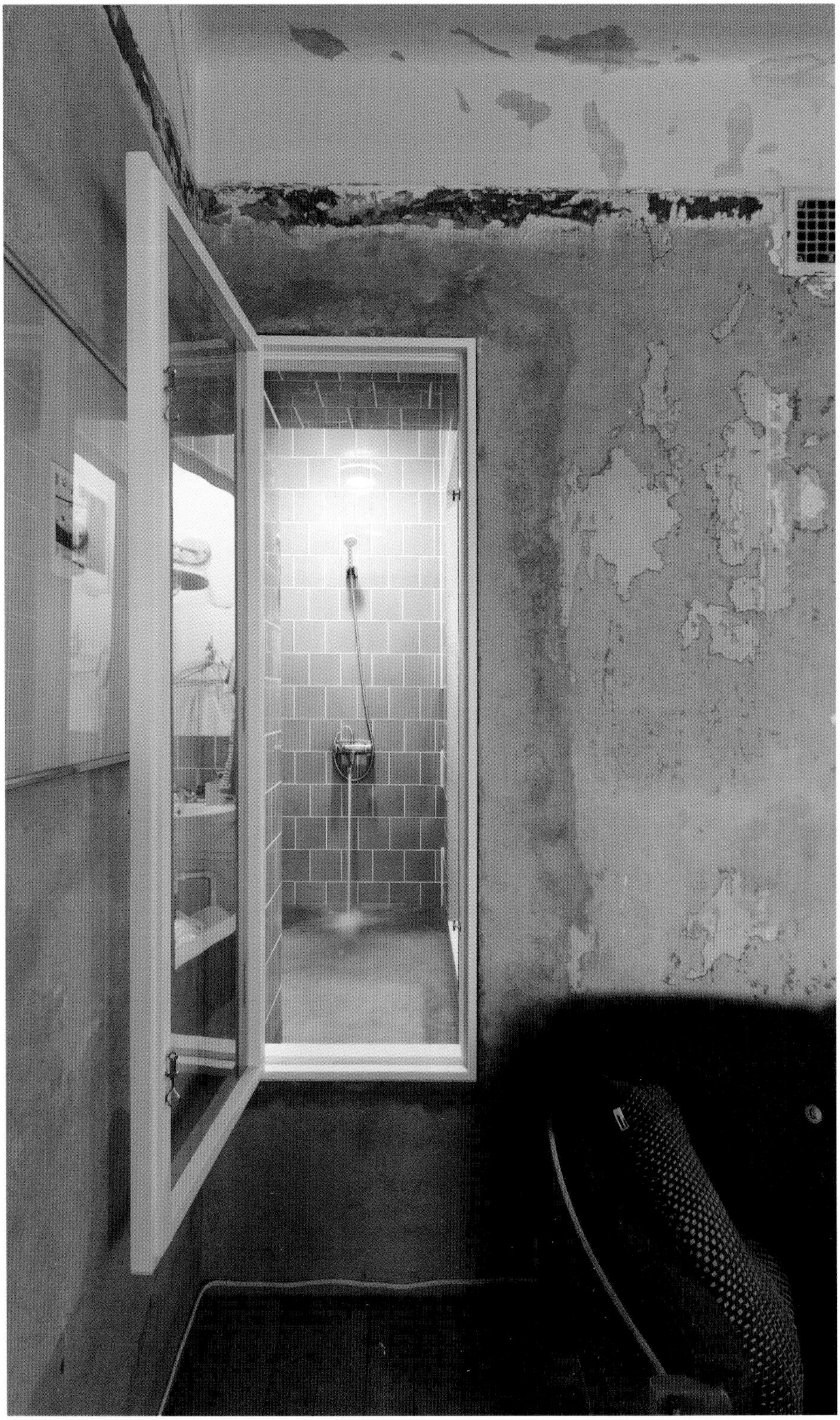

URBAN TAKE ON MELLOW MONOCHROME

Fanny Abbes, The New Design Project
www.thenewdesignproject.com
New York, NY, USA
Photo © Alan Gastelum

Modest and neutral, yet cosy and inviting. Every aspect of this New York apartment's design was focused on minimalism, yet it does not skimp on personality and individuality thanks to its wide variety of cohesive elements. A monochrome palette, recycled objects and wooden highlights lend a feeling of elegant warmth and simplicity to the space.

40m²
430.5 ft²

Modesto y neutro, pero acogedor y atractivo. Todo el diseño desarrollado para este bello apartamento neoyorquino ha buscado reducirse al mínimo. Sin embargo, no escatima en carácter e individualidad mediante una amplia variedad de piezas de cohesión. Una paleta monocromática, elementos reutilizados y acentos de madera y metal inyectan una elegancia cálida y sencilla al espacio.

The black and white prints, white and gold ceramics and large hand-made wood frame were all commissioned from The New Design Project.

Las impresiones en blanco y negro, la cerámica en blanco y oro y el gran marco de madera hecho a mano son todas creaciones encargadas por The New Design Project.

THE TINY TRANSFORMING APARTMENT IN THE BRICK HOUSE

Eva Bradáčová
www.ebarch.cz
Prague, Czech Republic
Photo © Jiří Ernest

When this apartment was passed on from grandparents to grandson it needed some renovation, but nothing major. As it turned out, all that was needed to breathe modern life into these cosy brick walls was a little wise investment in the bathroom, the kitchen and the floors. Oh, and to demolish a few partitions. They only needed one bedroom: the benefits of a flat for a young couple without children.

42m²
452 ft²

De acuerdo: cuando el apartamento pasó de los abuelos al nieto, requirió de cierta renovación... pero nada faraónico. Resulta que para meter la vida moderna entre algunas acogedoras paredes de ladrillo solo hizo falta invertir el dinero sabiamente: en el baño, la cocina y los suelos. Y bueno, se derribaron tabiques. Se necesitaba solo un dormitorio: ventajas de un piso para una pareja joven sin hijos.

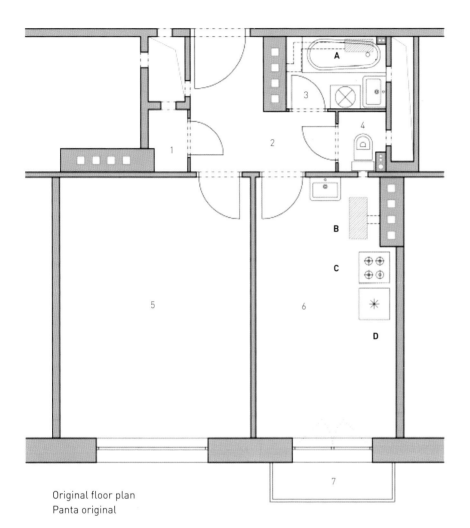

1. Storage room
2. Hall
3. Bathroom
4. Toilet
5. Bedroom
6. Kitchen
7. Balcony

A. Gas water heater
B. Heater
C. Cooker
D. Fridge

1. Trastero
2. Entrada
3. Baño
4. Aseo
5. Dormitorio
6. Cocina
7. Balcón

A. Calentador agua gas
B. Calentador
C. Estufa
D. Nevera

Original floor plan
Panta original

1. Hall
2. Bathroom
3. Living room/Kitchen
4. Wardrobe
5. Bedroom
6. Balcony

A. Mirror
B. Photos
C. Washing machine
D. Bathtub with shower
E. Working desk
F. Retro fridge
G. Dining table
H. Sofa
I. TV
J. Statue
K. Stone wall
L. Mirror
M. Photos/Pictures
N. Stone wall

1. Entrada
2. Baño
3. Salón/Cocina
4. Armario
5. Dormitorio
6. Balcón

A. Espejo
B. Fotos
C. Lavadora
D. Bañera con ducha
E. Mesa de trabajo
F. Nevera retro
G. Mesa de comedor
H. Sofá
I. TV
J. Estatua
K. Pared de piedra
L. Espejo
M. Fotos/Cuadros
N. Pared de piedra

Project floor plan
Plano de planta del proyecto

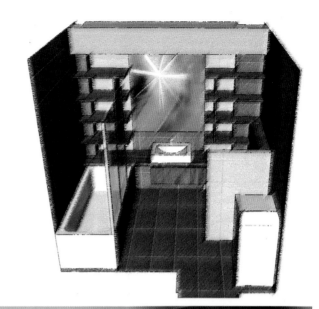

The bedroom has a minimalist feel, with nothing more than a bed. There is no need for wardrobes thanks to the separate dressing room. One less thing to worry about.

El dormitorio tiene alma minimalista: sin más mobiliario que la cama, y despreocupado de armarios gracias al guardarropa separado de la habitación. Sosiega.

LOFT CARRERA DE SAN FRANCISCO

Beriot, Bernardini arquitectos
http://beriotbernardini.blogspot.com.es
Madrid, Spain
Photo © Yen Chen

The project takes advantage of the loft space under the roof to place private uses (sleeping and bathroom) while giving spatial quality to living spaces underneath. This offers functional and spatial richness to a very reduced surface, while allowing for cross-ventilation between the balcony window and those above opening to the indoor patio.

45m²
484.37 ft²

El proyecto plantea una modificación completa de la vivienda, aprovechando el espacio bajo cubierta para disponer los usos privados de la vivienda (dormitorio y baño) y aportar calidad espacial abriendo en doble altura los espacios vivideros. La operación ofrece desahogo espacial y funcional a un espacio de tamaño muy reducido, permitiendo además cruzar luz y ventilación entre la ventana balconera a calle y la ventana a patio interior en zona de altillo.

The loft is gained through the suppression of a series of horizontal girders, generating a floor on two levels. The bathroom is placed on the higher one and the sleeping area on the other.

El altillo se crea suprimiendo un tramo de correas de forjado del espacio bajo cubierta a partir del pasillo comunitario, disponiendo un forjado ligero de madera a cota más baja. En la zona sobre dicho pasillo se sitúa el baño, disponiendo el dormitorio en el resto.

Section
Sección

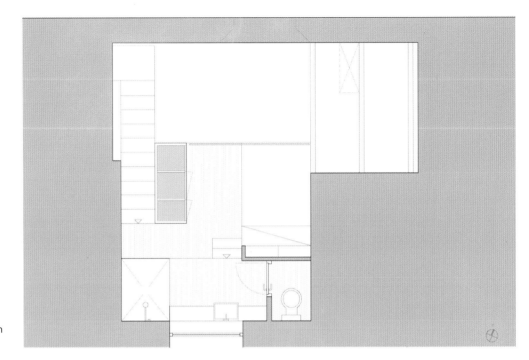

Mezzanine plan
Planta altillo

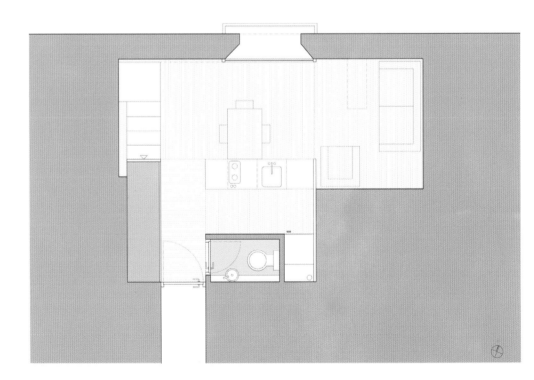

Ground floor
Planta baja

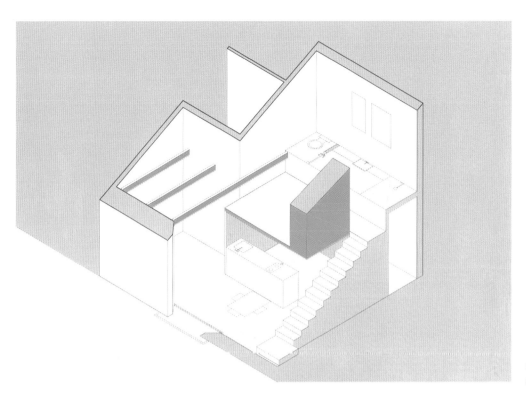

Axonometric
Axonometría

The balcony windows are replaced by a single large sliding door, making the opening seem much larger and allowing the balcony to be fully integrated to the living area when completely open.

La única ventana a calle se sustituye por una gran hoja corredera de madera que, llevada a haces interiores del muro, convierte el balcón en una pequeña terraza que se incorpora a la vivienda al abrir por completo la corredera.

HOME 08

i29 l interior architects
www.i29.nl
Amsterdam, Netherlands
Photo © i29 l interior architects

It is a human trait that when we have to organise our rooms everything goes into the closet: we take everything that shouldn't be seen and we hide it away. The same is true here, where the 484 sq ft space demands to be kept clear. In this case the closets are two wooden walls that take on the very functions of the house. A table, a wardrobe, a fireplace. Everything counts.

45m²
484.37 ft²

Es un hábito humano. Cuando tenemos que recoger una habitación, los armarios nos tientan: arramblar con todo lo que no debería quedar a la vista y meterlo para dentro. Aquí es lo mismo: una superficie de solo 45 m² impone despejar el espacio. Los armarios, esta vez, son dos paredes de madera que acogen todas las funciones de la casa. Un banco o el guardarropa. O una chimenea: tanto da.

"We try to design the space, focusing on the absence of what is physically there", explain the architects. "And that can only be achieved by designing the physical."

"Lo que intentamos es diseñar el espacio: la ausencia de lo que está físicamente ahí", dicen los arquitectos. "Y eso solo se puede lograr diseñando lo físico."

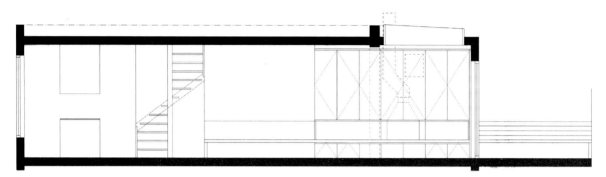

Section a-a
Sección a-a

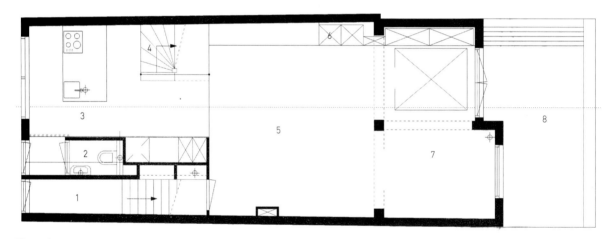

Floor plan
Planta

1. Entrance	1. Entrada
2. Toilet	2. Aseo
3. Kitchen	3. Cocina
4. Stairs	4. Escalera
5. Hall	5. Sala
6. Fireplace	6. Chimenea
7. Living room	7. Salón
8. Patio	8. Patio

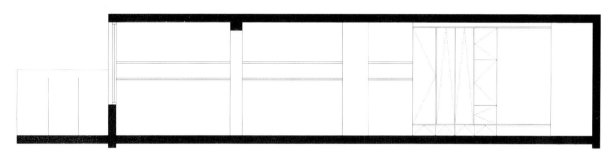

Section b-b
Sección b-b

G-ROC

Nook Architects
www.nookarchitects.com
Barcelona, Spain
Photo © nieve | Productora Audiovisual

Nook Architects' work on this property reclaims and strengthens the building's original spirit, subtly intervening In the resulting space. The kitchen is located in the noisiest part of the building. On the other hand the sleeping area makes the most of the height, having been divided cleanly into two, linked by a gallery to the terrace where the bathroom is situated.

46m²
495.13 ft²

La labor de Nook Architects en esta vivienda recupera y consolida el espíritu original del edificio, interviniendo sutilmente en el espacio resultante. La cocina se ubica en la parte más ruidosa de la finca. Por otro lado, en la zona de noche, se potencia la altura al dividirla puntualmente en dos, y se vincula el espacio de galería a la pequeña terraza donde se sitúa el baño.

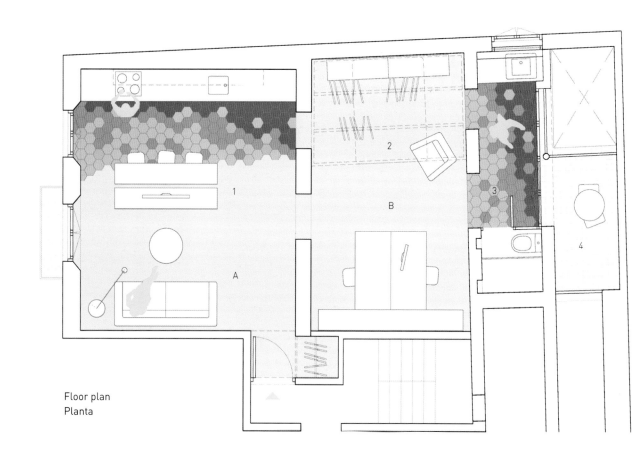

Floor plan
Planta

1. Kitchen	A. Day area	1. Cocina	A. Zona de día
2. Mezzanine	B. Night area	2. Entresuelo	B. Zona de noche
3. Bathroom		3. Baño	
4. Terrace		4. Terraza	

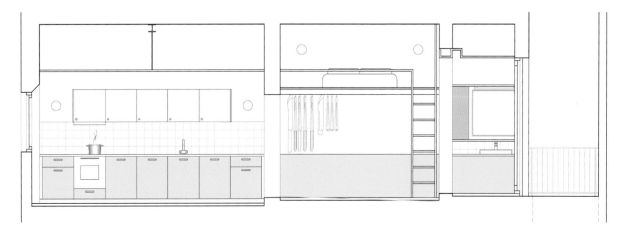

Section
Sección

The construction of the loft was key within the project, creating an upstairs bedroom and freeing up space on the ground floor to be used as a studio, lounge or dressing room.

La construcción del altillo, clave en el proyecto, permite ubicar una cama arriba y liberar la planta inferior, que puede usarse como estudio, sala de estar o vestidor.

BREAK APARTMENT

Tavares Duayer Arquitetura
www.tavaresduayer.com.br
Rio de Janeiro, Brazil
Photo © André Nazareth © João Duayer

In this small apartment, every design element has a specific purpose. From the different materials used to the colours of the walls and furniture, everything was chosen in order to create a backdrop against which the owner could display the many objects from his various collections.

48m²

516.66 ft²

En este pequeño apartamento, todos los elementos de diseño tienen un fin concreto: los diferentes materiales utilizados, los colores de las paredes y los muebles, todos fueron elegidos al servicio del escenario en que el propietario pudiera exponer los múltiples objetos de sus diversas colecciones.

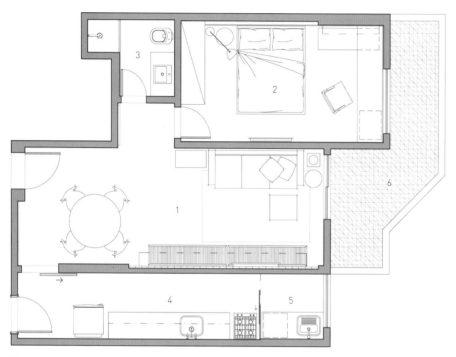

Floor plan
Planta

1. Living room	1. Salón
2. Bedroom	2. Dormitorio
3. Bathroom	3. Baño
4. Kitchen	4. Cocina
5. Laundry	5. Lavadero
6. Balcony	6. Balcón

The pipe work has been left partially visible. Combined with the grey tones, wood and brick, it creates a contemporary and industrial feel.

La tubería, dejada parcialmente a la vista, combinada con los tonos grises, la madera y el ladrillo proporcionan un estilo contemporáneo e industrial.

LOW-BUDGET APARTMENT

Studio 8 1/2
www.studio812.eu
Plovdiv, Bulgaria
Photo © Vladislav Kostadinov

This apartment was being renovated for rental, so the architects had the bare minimum to work with: a budget of only 500 Euros, a timescale of just a month and no specific client to adapt the design to. The result was a very personal interpretation of the meaning of modern life. It was also a lavish tribute to low-cost design.

$50m^2$
$538.19\ ft^2$

La remodelación de este apartamento se llevó a cabo para alquilar la vivienda, así que el estudio tuvo que salir adelante con menos de lo mínimo: 500 euros de presupuesto, un mes de plazo y la imposibilidad de adaptarse al huésped, ya que no había ninguno. Lo que surgió fue una interpretación muy personal de lo que es la vida moderna. Eso, y un fastuoso homenaje al diseño low-cost.

The architects designed the furnishings. They may be recycled but they are new ideas. Repainting old furniture is one thing, but giving it a completely new function within the house is quite another.

El estudio diseñó el mobiliario. No solo es reciclar: son ideas. Pintar un mueble viejo es una parte. Darle una nueva función dentro de la casa es otra, más importante aún.

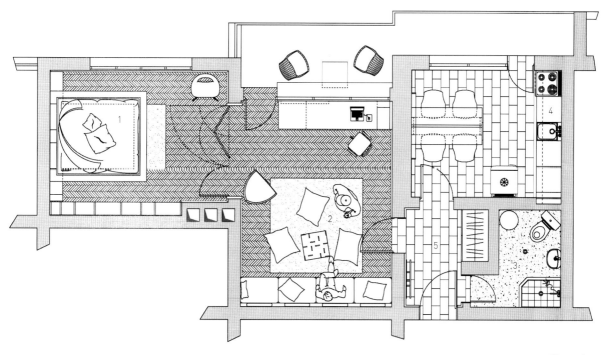

Floor plan
Planta

1. Bedroom   1. Dormitorio
2. Living room   2. Salón
3. Bathroom   3. Baño
4. Kitchen   4. Cocina
5. Entrance   5. Entrada

The use of cardboard is not concealed. The apartment proudly shows off its low-budget nature, such as the recycled bottles. Nothing is hidden.

Hay cartón, pero no trampa: el apartamento exhibe sin complejos su naturaleza de bajo presupuesto. Las botellas recicladas, por ejemplo. No esconden nada.